②

与渴望联结

〔马来西亚〕林文采 著

北京联合出版公司
Beijing United Publishing Co.,Ltd.

图书在版编目（CIP）数据

与渴望联结：全7册 / （马来）林文采著. --北京：北京联合出版公司，2020.3

ISBN 978-7-5596-3514-3

Ⅰ.①与… Ⅱ.①林… Ⅲ.①儿童教育—家庭教育 Ⅳ.① G782

中国版本图书馆 CIP 数据核字（2019）第 174418 号

北京市版权局著作权合同登记　图字：01-2020-0871

与渴望联结：全 7 册

作　　者：〔马来西亚〕林文采
选题策划：木晷文化
策划编辑：朱　笛
责任编辑：牛炜征
特约编辑：师丽媛
营销编辑：金　颖　黄思维
封面设计：思绪设计

北京联合出版公司出版
（北京市西城区德外大街 83 号楼 9 层　100088）
河北鹏润印刷有限公司印刷　　新华书店经销
字数 432 千字　　700 毫米 ×980 毫米　1/32　　30 印张
2020 年 3 月第 1 版　　2020 年 3 月第 1 次印刷
ISBN 978-7-5596-3514-3
定价：138.00 元（全 7 册）

目录

01 不好好吃饭，怎么办？ 001

02 不想睡觉起床就哭，怎么办？ 037

03 爱拖拉磨蹭，怎么办？ 075

04 一言不合撒泼打滚，怎么办？ 113

01

不好好吃饭，怎么办？

让孩子为自己负责，

父母经常给予孩子肯定、赞美、认同，

能够让孩子增强自信和安全感。

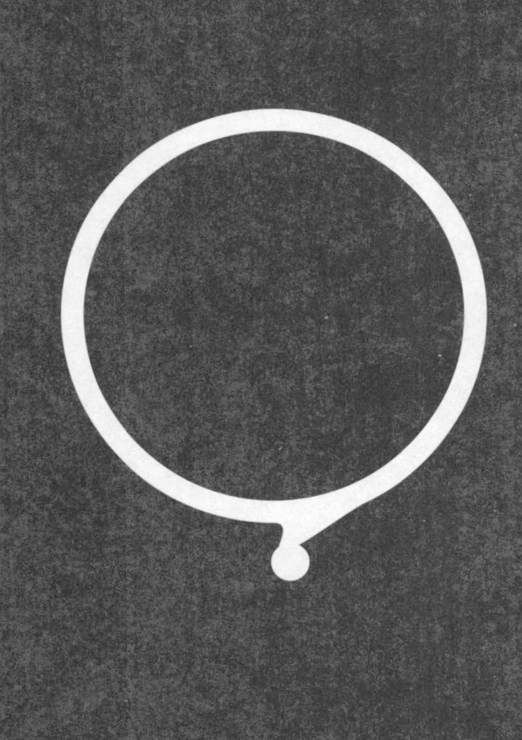

孩子在正餐时间不愿意吃饭，怎么办？

孩子不好好吃饭，已经成为让很多父母非常烦恼的问题。甚至有些孩子才一周岁，到了正餐时间就不愿意吃饭了。这个问题其实非常奇怪，因为吃饭本是孩子的天性——孩子渴了，就会想要喝水；孩子饿了，就会想要吃饭。那么为何这么多孩子到了该吃饭的时候却不愿意吃饭呢？

就这个问题，下面分四种情形来谈。

孩子不饿

过去，在经济欠发达、物资相对匮乏的年代，何曾听说过哪个孩子不爱吃饭？更多的情况是吃不饱，除非因为生病，否则没有孩子会不想吃饭。

那现在为什么这么多孩子存在不想吃饭的问题呢？首要的原因，可能是孩子不饿。那为什么不饿呢？因为父母在正餐之前给孩子吃了各种各样的零食，特别是甜食。如果甜食吃得多，肯定会影响孩子的胃口。再加上饭菜一般不会像零食、糖果那么“重口味”，所以很多孩子吃惯了零食的味道，就不喜欢饭菜的味道了。

所以，父母一定要温和地坚持一个原则——孩子可以吃零食，但必须在正餐以后吃。在正餐之前两个小时内，不允许孩子吃零食，特别是非常甜的糖果。父母可以想一些办法温和地去坚持这个原则，而不要随便向孩子发怒。

孩子在对抗父母

现在很多家庭把孩子吃饭当成一件天大的事情，其实有些父母实在太过焦虑了。孩子吃饭的时候，不但父母焦虑，可能六个大人——爸爸、妈妈、爷爷、奶奶、外公、外婆都非常焦虑，生怕孩子吃得不够多，吃得不够好，吃得不够健康。于是，很多时候是六个大人盯着一个孩子吃饭。

想想看，孩子该有多不舒服！他发现一天里最不舒服的时候就是吃饭。因为几个大人一直盯着他，总是叫他多吃一点，多吃一点，再多吃一点……所以，孩子会觉得，在吃饭的时候是最受控制也是最不舒服的，这就容易引发孩子的对抗情绪。

建议父母尽量让吃饭变成一件轻松、愉快的事情。孩子吃饭时的气氛一定是非常简单舒适的——孩子很简单地自己吃饭，家长不要一直盯着孩子吃了什么、吃了多少，而是能够和孩子谈一些有趣的事情，倾听孩子的话。如果孩子发现吃饭过程很愉快，就会非常期待和家人一起吃饭了。

孩子想要获取父母的注意力

一些自我感觉在家里被忽略的孩子，常常会将不好好吃饭作为获取父母注意力的方法。

比如有的二胎家庭，老大会感觉老二夺取了父母所有的注意力。老大发现父母对自己吃饭这件事特别在意，就会在吃饭的时候跟父母有更多的纠缠，通过不好好吃饭来赢得父母更多的关注。有的独生子女家庭，父母工作太忙了，孩子只有很少的时间可以看到父母，也会出现这样的情况。

怎么判断孩子不好好吃饭，是属于这种情形呢？最直接的方法就是，看父母对孩子的感觉是怎样的。

如果被问到“你对孩子主要的情绪是什么”，父母的直觉是孩子太烦人了，那极有可能是因为孩子得到的关注不够，因而在你很在意的吃饭这件事情上，跟你讲条件、讨价还价、不好好合作。

这种情形下，应该怎么办呢？简单来说，就是只在孩子做得好的时候给他明确的关注，一旦孩子做得好时，比如偶尔吃得比较快或者主动坐下来吃饭，父母可以明确地表达关注，并立刻去肯定、赞美、认同孩子，比如：“嗯，今天宝宝很好，帮了妈妈一个大忙，午饭半个小时就吃完了，妈妈很高兴。”如果孩子做得不好，父母就当作没看见，尽量什么都不要说。这样能够让孩子感知到：当我有好的行为时，就会得到父母的注意。这对于那些感觉被忽略的孩子，是特别有效的。

孩子感觉吃饭像吃药一样

有些父母太过注重食品的健康和营养，而忽略了食物本身的味道。不同的食物，各有各的营养，不需要让孩子在每一餐里补足所有的营养。

如果孩子不喜欢吃饭，父母不仅要注意营养搭配，更要注意饭菜是否合孩子的胃口。三岁之前的孩子，甚至六岁之前的孩子，不可能有太多的营养意识，很难每天吃下一些自己觉得不好吃但是有营养的食物。

有的妈妈说，孩子只吃他喜欢吃的，对于他不喜欢吃的，一口都不吃。这难道不是正常的吗？每个人都有自己的食物偏好。有很多食物可供选择，没有必要非去吃那些不好吃的，为了营养而像吃药一样吃下去。当感觉吃饭像是吃药的时候，孩子肯定会非常排斥吃饭。

有一个父亲，认为每餐之后吃一根香蕉比较健康，所以从孩子很小的时候开始，他就要求孩子吃完饭一定要吃一根香蕉。吃了好多年之后，孩子十一岁时就不肯吃了。这个父亲坚持非吃不可，用各种各样的方法让孩子吃，包括骂孩子不听话，指责孩子不孝顺，甚至对孩子说：“香蕉很难吃吗？你吃了难道会死吗？”孩子就反驳说：“我不吃，难道我就不健康吗？我不吃，难道我就会死吗？”到了这个地步，就是父亲太过坚持了，完全没有必要。

总结一下

吃饭本就是孩子的天性，孩子不愿意吃，一定是有原因的。

第一，最直接的原因是孩子真的不饿，父母要温和地坚持饭前不吃零食的原则。

第二，孩子是否在对抗父母，是否因为父母太过焦虑而把吃饭气氛搞得太紧张。

第三，孩子是否想通过不好好吃饭的方式，来得到父母更多的注意。父母要肯定、赞美、认同孩子好好吃饭的行为，忽略那些不好的行为。

第四，父母对食物的营养和健康认知要灵活、有弹性，不能要求孩子必须吃那些虽有营养但不喜欢吃的食物，避免孩子对吃饭产生抗拒感。

孩子吃饭很少还挑食，怎么办？

一位妈妈有两个孩子，女儿五岁半，儿子刚一岁半。她整天为孩子吃饭着急，因为女儿常常吃得非常少，对蔬菜不感兴趣，经常只吃白米饭，或者用汤拌饭吃。女儿常说："妈妈，这个菜不好吃，我不想吃。"妈妈不知道怎么办才好。

探寻孩子不想吃饭的真实原因

妈妈有两个孩子，而且小弟弟才一岁半，所以女儿不想吃饭，可能是想得到妈妈更多的注意。她发现没有办法跟弟弟竞争，只有吃饭问题会让妈妈非常焦虑，所以她不好好吃饭，想引起妈妈的关注。

若果真如此，那么妈妈要注意的是：千万不要将女儿和弟弟进行比较，任何带有竞争性、比较性的话，都不要说。比如不要跟女儿说："弟弟才一岁半，我给他吃什么他就吃什么，你这当姐姐的，还比不上弟弟呢！"这种带有竞争性、比较性的话语，不仅无法激发孩子吃饭的意愿，反而会让孩子产生逆反情绪。

妈妈可以做的是什么？妈妈可以这样对女儿说："妈妈很爱你。那个菜不好吃，那么你想吃什么，愿意告诉我吗？我相信你和弟弟是不同的，你想吃什么，告诉妈妈，妈妈非常愿意给你做别的菜。"然后不管女儿说想吃什么，不要太在意她要吃的是否有营养，就按她所说的准备饭菜。这是妈妈在表示："我是关心你的，我愿意给你做你喜欢吃的饭菜。"让女儿感受到妈妈很在意她、很爱她。

想方设法做适合孩子胃口的饭菜

妈妈可以想办法让饭菜更适合孩子的胃口。比如孩子只喜欢吃白米饭或者汤拌饭，不喜欢吃菜，那么根本不用花时间去劝说孩子多吃菜。可以做孩子喜欢的汤拌饭，比如加入一些肉末和切碎的青菜，孩子就可以吃到营养丰富的汤拌饭，既适合孩子的胃口，也满足了营养的需要。

关注孩子做得到的，不关注孩子做不到的

妈妈要多去关注孩子做得到的，不去关注孩子做不到的。比如孩子今天喝汤喝得很香，那就肯定他说："妈妈发现你今天胃口很好，吃得很香哦，妈妈非常高兴。"对于孩子做不到的，直接忽略就可以了。

要把吃饭时间变成全家最快乐的时间

不要把吃饭当成让全家都很痛苦的事，要让孩子觉

得吃饭时间是全家最快乐的时间。在这个时段谈谈快乐的事，比如妈妈遇到的有趣的事情，可以讲给孩子听；也可以鼓励孩子给大家讲讲，今天玩了什么有趣的玩具，听了什么好听的故事等。一定要让孩子觉得吃饭的时间是最温馨、最快乐的。父母要其乐融融地谈话，而不是盯着孩子青菜或者米饭是否吃得太少了。一旦把吃饭变成一件不愉快的事情，就会让孩子感觉特别没有胃口。

总结一下

第一，问问孩子为什么不爱吃饭，是否是为了让妈妈多陪陪自己。千万不要对孩子说带有竞争性、比较性的话，要接纳孩子，给孩子更多的关注。

第二，在孩子做得好的方面，比如吃饭时有礼貌、吃饭时很快乐，要肯定、赞美、认同孩子，同时忽略孩子做不到的。

第三，想办法在孩子喜欢吃的食物里加入一些美味的食材，让孩子既有胃口还能获得足够的营养。

第四，要把吃饭的时间变成全家最快乐、最温馨的时间，其乐融融，让孩子享受吃饭的过程。

孩子对爱吃的食物过度兴奋，怎么办？

有一个妈妈，儿子今年四岁半了，上幼儿园中班。儿子两岁半前一直由妈妈照看，两岁半之后跟爷爷奶奶一起生活，今年回到妈妈身边。妈妈发现，儿子很缺乏安全感，比如妈妈一举起手，儿子就护头，误以为要打他，据说以前幼儿园的老师会打他；孩子的社交能力也很差，在幼儿园总是自己玩，没有同龄的伙伴和他一起玩；儿子看到喜欢的食物会兴奋得发抖，不断往嘴里塞，其实家里生活条件不差，各种食物也从来不缺。妈妈感觉儿子一直活在自己的世界里，除了食物，对任何事情都提不起兴趣。

儿子到底怎么了？看得出来，这位妈妈非常焦虑。为什么会出现这种情况呢？其实，吃东西常常是一些孩子自我安慰的方法。这个案例中的孩子非常爱吃东西，甚至到了看见食物会兴奋得发抖的地步，而且没有办法发展自己的社交能力，好像唯一感兴趣的就是食物，那么很有可能他是把吃东西当成了自我安慰的一种方式。为什么会这样呢？这个孩子可能遭遇了一些创伤事件。

比如，他原本跟妈妈一起生活，在两岁半还无法独立自主的时候就离开了妈妈，和爷爷奶奶一起生活。很有可能，这个孩子并没有把爷爷奶奶当成重要他人。上幼儿园之后，又遇到了一个没有耐心的老师，孩子可能表现得没那么好，于是被老师打头。现在，孩子回到妈妈身边以后，就出现了缺乏安全感以及社交障碍等情况。孩子内心有很多的情绪，有相当多的时间处于害怕中，所以他没有办法发展正常孩子所具备的社交能力，幸好这位妈妈及时发现了问题。如果妈妈认为这是孩子的问题，并且指责批评孩子，那孩子的安全感会越来越少，问题就会越来越严重。

孩子缺乏安全感，是很多问题的根源。针对这类孩子，妈妈一定要注意培养孩子的安全感。那么怎样帮助孩子比较快地获取安全感呢？

第一，跟孩子说话的时候一定要特别温和。看到自己的孩子社交能力差，可能会引发妈妈的急躁和焦虑，此时妈妈一定要克制和冷静，对孩子说话时一定要特别温和，告诉孩子："如果有人欺负你，不要怕，告诉妈妈，妈妈一定能够帮你解决。"

第二，妈妈要多多拥抱孩子。对缺乏安全感的孩子，一定要经常拥抱他，特别是晚上睡觉的时候，轻轻抚摩孩子的背，会有很大的帮助。

第三，妈妈要对孩子有更多耐心。对缺乏安全感的孩子，妈妈要有更多耐心，特别关注孩子的安全感培养。一般半年以后，孩子就会慢慢好起来，发展社交能力，和小伙伴一起玩了。当孩子还无法社会化的时候，妈妈要确保孩子在幼儿园里不被小伙伴欺负。

第四，父母千万不要当着孩子的面吵架。如果父母互相指责、吵架，也会令孩子感到害怕，缺乏安全感。夫妻之间和谐的关系，最能给孩子安全感。

第五，尽量让孩子有机会为自己负责。比如让孩子自己吃饭、穿衣服、收拾玩具等，做他这个年龄段自己能够做到的事情，并且经常称赞孩子，比如："宝宝很棒，能够自己穿衣服了。"让孩子为自己负责，经常给予孩子肯定、赞美、认同，能够增强孩子的自信和安全感。

孩子在家里不愿独立吃饭，怎么办？

有一位爸爸，女儿今年四岁了，在幼儿园里可以独立吃饭，但是回到家里就不愿自己吃了。对此有人建议说：“千万不要喂孩子。吃饭的时候就给孩子准备好饭菜，过了饭点就把所有饭菜收走，就算孩子饿了，也不再给她任何食物，饿上几顿，孩子就会自己吃了。”这位爸爸对这种方法感到很困惑，不知是否管用。而且如果孩子是因为太依赖父母而希望父母喂饭，那么为了培养孩子的安全感，父母是否应该给孩子喂饭呢？后来让这位爸爸比较纠结的是，即便给孩子喂饭，孩子还是吃得非常少。

可以看到，这个孩子是完全有能力独立吃饭的。幼儿园老师已经证实，这个孩子在幼儿园里完全可以自己独立吃饭，只有回到家才不愿意自己吃饭。

遇到这样的情况，应该怎么办呢？建议提前跟孩子约定好，比如全家一起吃晚饭的时段是17：30—18：30，过了18：30就要收拾碗筷和厨房，所有食物都会被收走，之后也不会再提供零食。父母跟孩子这样讲的时候，孩子通常不会理会，只顾自己玩。父母不要一直唠叨、反复提醒孩子，只需要按照事先说好的，吃完饭后把所有饭菜收走就可以了。

具体可以参照以下几个步骤：

第一步：先跟孩子单独沟通，明确地让孩子知道吃饭的时间。吃饭的时候，在饭桌上跟所有人再强调一次吃饭的时间，其他时间就不要唠叨提醒孩子了。要让吃饭的氛围尽量温馨、快乐，在这样的氛围里吃饭才是最好的。

第二步：到了18：30，不管孩子是否已经吃完饭，也不管孩子吃了多少，一定要把桌上的饭菜都收走。孩子如果真的没有吃饱，通常到了晚上八点左右，就会哭闹说：“妈妈，我肚子饿了，我没吃饱……”

第三步：所有家人的态度都要温和而坚持。现在要坚持的事情，对孩子来说可能有点难受和残忍，所以家人的态度一定要温和。不要指责孩子，不要跟孩子纠缠：“我不是早跟你说了，叫你不要玩了，专心吃饭，你就是不听，现在想吃饭了，妈妈不管你！”这样的言语很不恰当，会引发孩子和大人之间的争执。可以这样说：“孩子，我知道你现在一定很饿，我也知道你饿了很难受。可是我们事先已经说好了，过了饭点就没有饭吃了。妈妈教你怎么办——现在赶快去睡觉，睡醒以后就有早饭吃了。”这样跟孩子说就可以了，其他什么也别说。

第一晚这样坚持下来。第二天家长的做法是最关键的，决定了这个方法是否有效。到了第二天17：30吃饭的时间，还是跟所有人说：“我们吃饭的时间是17：30至18：30，过了18：30，所有饭菜都会被收走，晚上就没有任何可以吃的东西了。”然后严格去执行。一般情况下，如果妈妈没有用一种责骂的语气，而只是这样简单说明，那么孩子回忆起昨天挨饿的难受感觉，第二天就会按时吃饭的。

上述做法是比较有效的，那什么情况下会失效呢？

最有可能的是，妈妈在第二天讽刺孩子，比如17：30快要吃饭时，妈妈说："昨天不知道是哪个人，跟他说好了18：30之后要收走所有的饭菜，他不理，结果晚上哭丧着脸说饿了。今天再不好好吃饭，晚上就自作自受吧。"这样说话，会引发孩子跟家长的争执。孩子会去试探，家长是否真的会这样做。家长的不温和态度、责骂语言，常常会引发孩子内心的对抗。所以家长一定要用温和的语气，去坚持该有的规则：在说好的17：30—18：30这个时间段里吃饭。这一个小时的时间，足够让孩子把饭吃完。孩子要吃什么、吃多少，由孩子自己决定。如果孩子不吃饭，那么不用责骂孩子，只要过了饭点收走饭菜就可以了，到了第二天也依然这么做。

吃饭的问题，其实很考验妈妈是否相信自己的孩子能够根据他身体的需要去获取足够的食物。家长要做的，是尽量把饭菜做得美味可口，适合孩子的口味，并且在饭桌上不要一直盯着孩子，孩子爱吃什么吃什么，大家简单愉快地用餐就好了。相信孩子，他们的本性是想吃而且希望吃饱的。

孩子吃饭时
只肯让妈妈喂，
怎么办？

有一位妈妈，女儿两岁八个月了，她有两点困惑：第一，为什么女儿睡觉时，特别是晚上，一定要摸着妈妈的手才能睡着，家里其他人都无法让她安静踏实地入睡。第二，吃饭的时候，女儿常常吃一会儿就不愿意自己吃了，一定要让妈妈喂，而且只肯让妈妈喂，不肯让其他人喂，否则就会大吼大叫。妈妈感觉女儿心里只接受她，对其他人都是抗拒的。为什么会这样呢？

借助这个问题，分享一个比较重要的概念——“过渡性重要他人”。当孩子只有一个“重要他人”的时候，一般很有可能是他的妈妈，但是妈妈不可能寸步不离，那么当妈妈不在的时候，或者晚上要睡觉的时候，孩子就需要一样东西来代替他的妈妈——这个东西就是“过渡性重要他人”。

这个小女儿，是把妈妈的手当成妈妈，她一直摸着妈妈的手，才能够放心，安静踏实地睡着。有一些孩子，不是摸妈妈的手，而是摸妈妈的头发、衣服，或者把带有妈妈味道的东西，比如枕头、抱枕等，当成妈妈陪着自己。这些替代的东西都可以称为“过渡性重要他人”。

当这些情况发生时，妈妈可以很放心。虽然妈妈可能要多花一点时间跟孩子在一起，但这也说明：妈妈是完全可以影响这个孩子的。妈妈所做的一切，孩子都想模仿，孩子特别希望得到妈妈的肯定、赞美、认同，以及妈妈的喜爱。

那么在吃饭的问题上，这位妈妈应该怎么做呢？只需要愉快地吃饭。在吃饭的时候，妈妈要表现出吃得很香，一点都不焦虑的样子。比如可以说：“今天的饭菜特别好吃……今天的汤煮得真好喝……这块肉真是又香又嫩……”这样就能引发孩子对饭菜的兴趣。

因为妈妈是女儿唯一的重要他人，所以妈妈的态度一定能影响女儿。女儿吃饭的时候，妈妈要肯定她，比如说："好孩子，我看到你吃饭了……看到你喝汤了……看到你自己可以拿勺子了……"对她微笑，对她拍手鼓励，或是摸摸她的头，让孩子明白，看到她能够自己吃饭，妈妈很开心。

对于两岁八个月的孩子，完全可以鼓励和教导她独立吃饭。要有心理准备的是，这个年龄段的孩子，整个身体，尤其是手和眼睛的协调，可能还不够好，所以很有可能在吃饭时把饭菜掉到餐桌或衣服上，把汤洒出来，甚至把餐具打碎。没有关系，饭后收拾一下就好，千万不要在孩子吃饭的过程中教导孩子"不要把饭掉到衣服上，不要把汤洒出来……"此时，孩子很想得到爸爸妈妈的赞赏，那么一定要投其所好，在她想要独立自主吃饭的时候，多多肯定她、赞赏她，接纳她的不足，让孩子知道，她能够做到这些，已经让爸爸妈妈很快乐。

作为一个"重要他人"，妈妈能够让孩子好好地吃饭，同时得到心理营养，花费时间，付出耐心，绝对是值得的。

Q2

不想睡觉起床就哭，怎么办？

睡眠跟身体的生物钟有关，

父母可以做的，

是耐心帮助孩子慢慢地去调整，

直到孩子的生物钟完全适应这个节奏。

孩子不好好睡觉，怎么办？

有位妈妈说，她家孩子到了晚上特别精神，特别活跃，一点睡意都没有。哪怕很早就陪孩子在床上酝酿睡意，比如唱歌、讲故事，但就是培养不出睡意。如果不半哄半强迫他睡，他可以一直玩到12点甚至凌晨1点。有没有办法训练孩子早点睡觉呢？

其实，好比口渴了要喝水、肚子饿了要吃饭一样，身体疲倦了自然就要睡觉。睡眠是人在出生第一天就会的事情，跟呼吸一样是非常自然的。

如果一个孩子无法好好睡觉，原因可能有以下三种。

因为孩子不疲倦

那么孩子为什么不疲倦呢？如果孩子非常兴奋、活泼，一直都不疲倦，可以从这三个方面来考虑：

第一，孩子的午睡时间是否太长了。

第二，孩子所处的年龄段所需要的睡眠时间大概是多少。

第三，孩子在睡眠之前所做的事情是否让他太过亢奋。

首先，要考虑孩子午睡的时间是否太长了。

有的育儿书上说，孩子中午要睡三个小时，一些父母就非要孩子在中午睡满三个小时。可是，并非所有的孩子都是一样的，有些孩子也许需要睡三个小时，有些孩子则不需要。一般来说，孩子一岁以后就不需要在中午睡那么久了。如果孩子中午睡了很久，晚上还能在十点左右就睡着，那也没问题。但如果孩子晚上很活跃，不想睡觉，就说明他不需要那么多的睡眠时间，因此需要缩减午睡时间。

其次，孩子的睡眠时间是随着年龄增长而变化的。一岁之前的孩子，心跳的频率比成人快一倍，所以睡眠时间一般会比成人多一倍，每天可能要睡十五六个小时。过了这个年龄，孩子的睡眠时间就会慢慢减少。

- 0~1岁的孩子，每天可能要睡15~16个小时；
- 1~4岁的孩子，每天可能要睡12个小时；
- 5~10岁的孩子，每天可能要睡9~10个小时；
- 11岁之后，每天睡7~8个小时就够了。

这是从年龄段来划分的，当然不能单凭这一个标准来判断，最重要的还是仔细观察自家孩子，因为每个孩子都不一样。

最后，孩子在睡眠之前要避免情绪太过亢奋。孩子睡觉之前，要让他的活动慢下来，不要让他处于太过亢奋的情绪里，这也是有助于入睡的。

因为孩子的天生气质

有的妈妈在孩子睡觉之前，会放催眠曲给他听。有些孩子听着听着就睡着了，但是有些孩子本来已经快要睡着了，一听到音乐，即使是非常轻缓的催眠曲，也会整个人立马精神起来，过很久都睡不着。

睡眠到底要用多少时间，和孩子的天生气质息息相关。所以，妈妈要去观察自己的孩子，了解孩子在性格、气质上的特点。

激进型孩子的精力特别充沛。不管年龄多大，一般中午只需要睡一会儿，不需要睡太长时间。但是，现在很多幼儿园规定，孩子午睡要睡足两个小时。那么对于激进型孩子，如果一定要他午睡两个小时，到了晚上就会非常活跃。

冷静型孩子，一般需要更多的睡眠时间。特别是到了上学的年龄，他们会习惯性大量用脑，大脑需要更多氧气。冷静型孩子上完一天的课回到家时，就像普通孩子做了一天体力活一样，特别容易疲倦。因此，冷静型孩子很容易早睡，需要的睡眠时间比较长。

而乐天型孩子，就不需要那么长的睡眠时间。

每个孩子的天生气质都不一样，父母对此多一些了解，就不会觉得冷静型孩子睡得太多，也不会强迫激进型孩子多睡一点。

因为孩子的情绪

不管是小孩，还是成年人，都会因为情绪问题而无法好好睡觉。当一个孩子内心有很多情绪，特别是焦虑、紧张、愤怒时，就会干扰他的睡眠——不只是入睡困难，甚至整个晚上的睡眠质量都会被影响。

总之，睡觉是人的本能，如果孩子没有办法好好睡觉，父母要关注导致孩子睡觉问题的原因是什么。

想多玩一会儿
舍不得早睡，
怎么办？

有一位妈妈，女儿六岁了，今年9月就要上小学，所以她希望孩子能够养成早睡的习惯。

她和孩子的爸爸每天下午6点左右下班，吃完晚饭会陪孩子玩、看书、讲故事等。双休日只有很少的特殊情况不能陪孩子。总的来说，爸爸妈妈陪伴孩子的时间是足够的。

早上妈妈上班出门的时间很早，所以女儿一直都是由外婆陪着睡，这样女儿可以睡得久一点，也不受打扰。每天晚上外婆早早就准备好睡觉了，可女儿就是不肯早早上床睡觉，几乎都是10点才睡，有时还要更晚。妈妈说："虽然我也想早早就陪她上床看书，可她就是不愿意睡觉，要么做个手工，要么画张画，不断推迟上床时间。”

现在女儿已经开始独自睡一个房间了，各方面发展都很不错，老师和小朋友都很喜欢这个孩子，就是睡觉太晚。妈妈知道，女儿是想和爸爸妈妈多玩一会儿，可是快要上小学了，必须形成早睡的习惯。

女儿六岁，已经可以独自睡一个房间，这就表示孩子的安全感是足够的。同时，这个孩子能够在幼儿园里受到老师、小朋友的欢迎，就表示她与人连接的能力也很不错。从孩子的整体发展来说，她的“五朵金花”开得很好。所以先要恭喜这位妈妈，孩子养育得很好。

这位妈妈也很明白，孩子不愿意早睡，是想有更多时间跟爸爸妈妈在一起。关于这个问题，父母可以做些什么？

第一，看看孩子午睡的时间是不是能够缩短一点。如果午睡时间可以缩短一点，晚上就比较容易早睡，调整孩子的生物钟，让孩子到了晚上自然而然觉得疲倦。

第二，想要培养孩子的某个习惯，特别是睡眠习惯的时候，要循序渐进。不能说父母想要怎样，马上就要孩子做到父母想要的。比如孩子已经习惯于晚上10点或更迟一点睡，父母希望孩子晚上9点睡，并非意味着要从8点或者更早就开始督促孩子准备睡觉。如果孩子7点才吃完饭，8点就睡觉，那么睡前跟爸爸妈妈在一起的时间只有一个小时，如果很早就告诉孩子“现在我们来听故事，听完故事你就去睡觉”，那么孩子在感情上是不情愿的，因为盼星星盼月亮好不容易等到爸爸妈妈回家了，当然需要更多的时间跟爸爸妈妈在一起。

那么应该怎样做呢？比如，理想的结果是提前一个小时入睡，可以分为以下几个步骤：

第一步：不能操之过急，从10点直接调整到9点睡，建议可以先提早20分钟，从10点调整到9点40分，父母先确定这个目标，不需要跟孩子说。

第二步：不要太快进行所谓的睡眠仪式，比如讲故事、看书、唱歌等。如果希望孩子9点40分上床睡觉，那么大约9点10分开始叫孩子去洗澡，然后就可以开始睡眠仪式。比如让孩子拿出一本故事书，给孩子讲故事，或者听她讲故事，或者妈妈跟她一起安静、开心地玩一会儿，然后告诉孩子要睡觉了，最后去关灯。关灯的时候，妈妈可以用手抚触孩子的背，通过抚触帮助孩子更快入睡。每天都这样做——洗澡、讲故事或者玩一会儿、睡觉、关灯。

第三步：这样经过一段时间，让孩子慢慢适应9点40分睡觉，再从9点40分改到9点20分，最后再到预期的时间也就是9点睡觉。

总结一下

培养孩子的习惯，一定不要一蹴而就，特别是针对睡眠问题。睡眠跟身体的生物钟有关，父母可以做的，是耐心帮助孩子慢慢地调整，直到孩子的生物钟完全适应这个节奏，再来进一步调整。希望孩子 9 点睡觉，不要强令孩子从今天开始一到 9 点就必须睡觉，不要为了让孩子一定做到 9 点睡觉，就从 8 点开始用各种各样的招数，跟孩子斗智斗勇。这样一般是不会成功的。如果父母愿意慢慢地培养孩子的早睡习惯，孩子也会逐步做到。

除了慢慢调整孩子的习惯，还要想办法安抚孩子，比如抚触他的背，孩子心里非常清楚，父母在用这个方法跟他连接，当内在的情绪得到安抚以后，孩子就比较容易睡着了。以实际的经验来看，如果父母有耐心，哪怕是从 12 点调整到 9 点入睡，也是可以做到的。

孩子睡觉起床就哭，怎么办？

有一位妈妈，孩子快三岁了，最近总爱发脾气，还会大哭，尤其是午睡起床以后，一点点不顺心就哭得眼泪鼻涕一大把，动不动就说："我要，我就是要！"磨得大人有时候真的控制不住想要发火。妈妈问："这是此年龄段孩子的共性，还是我在教育孩子方面出现了问题呢？"

首先，这位妈妈猜对了——孩子在一岁半到两岁半这个年龄段，有几个月时间，一般不会超过半年，会进入一个有丰富情绪的阶段。孩子之所以会有这样多的情绪，排除教育上的问题，出现这样大吵大闹的情况，主要有两个原因。

原因一：孩子内在的天性里，有一朵独立自主的金花想要开放。

如果说人生真有所谓的“叛逆期”，那么这就是人生的第一个叛逆期。这个阶段，孩子非常想要和他的重要他人分离，因为他独立自主的金花需要开放。所以这个时候，孩子常常会跟父母或者其他重要他人对着干。怎么对着干呢？就是你要他睡觉，他就偏不睡；你不让他做什么事情，他偏偏要去做。他会动不动就说：“我要，我就是要！”孩子用他所有的力量，想要独立自主，所以当别人不允许他做什么时，他就会有特别大的情绪，会大哭大闹、大发脾气。

原因二：孩子在心理上进入既想分离又想连接的矛盾阶段。

这是每个孩子必然要经历的一个阶段。在这个年龄段，孩子即将进入和父母或者其他重要他人分离的阶段，既想要独立自主，却还有连接的天性，此时孩子能够感觉到内在有两股互相矛盾的推动力在推动他，因而引发各种情绪。这些情绪也会表现在睡眠上。孩子会变得非常倔强、矛盾，因为他内在有两股不同的力量一直在冲突。

所以，父母会发现：第一，当你不允许孩子做什么、拒绝他的时候，孩子的情绪起伏会很大，因而影响睡眠；第二，当孩子要跟父母分离的时候，孩子的情绪会特别大，而睡眠也表示一种分离。到了睡觉的时候，因为孩子要跟妈妈分离，情绪的波动相对比较多，他既不想睡觉，睡了以后又不想起床，所以起床以后会哭闹得特别厉害。

当然，这只是一个过渡期，此时妈妈更要无条件地接纳。当孩子出现这种情况时，要对孩子态度温和，多抱抱他，多去抚摩他的背，晚上睡觉时可以实行“睡眠三部曲”的仪式。睡眠仪式一般在半个小时内做完，让孩子感觉越来越接近睡觉时间。比如，洗澡是准备睡觉的第一步，然后讲故事表示快要睡了，最后哼个安眠曲表示马上要睡了，唱完就关灯一起睡觉。用这样一些适合孩子的方法，帮助孩子形成良好的睡眠习惯。

因为分离焦虑不想睡觉，怎么办？

有一位妈妈，孩子上幼儿园了，晚上总是很晚睡觉，11点睡就算是早的了，即便白天不睡觉，晚上还是一样睡得很晚。妈妈说，孩子这是想和爸爸妈妈多玩一会儿，她很担心闭上眼睛之后，爸爸妈妈就不见了。

妈妈猜想，这和孩子的成长经历有关，因为两岁之前，孩子在老家的时候，妈妈会趁孩子睡觉时做些家务，有时候孩子醒了妈妈也不知道，所以孩子醒来经常发现身边没有人，就开始大哭，妈妈听见哭声才慌忙赶过来。两岁以后，孩子就和爸爸生活在一起，爸爸上班早出晚归，经常是早上孩子醒来，爸爸已经去上班了，好不容易等到爸爸下班了，父女俩就会玩到很晚，孩子玩得太开心了就舍不得睡。

有的人说，这是因为爸爸妈妈对孩子不打不骂惯坏了。但妈妈觉得不是。妈妈知道，孩子黏人是因为没有安全感，不愿意上幼儿园是因为分离焦虑，因为幼儿园没有妈妈，孩子想妈妈、想家。可是这样长期下去怎么办呢？

首先，孩子会这样，跟爸爸妈妈不打不骂惯孩子是一点关系都没有的。用打骂来培养孩子的习惯，往往是没用的。根据孩子的需要，给他足够的心理营养，这样才能培养出好习惯。

孩子缺乏安全感、有分离焦虑，主要是因为跟父母在一起的时间不够多，也就是说，孩子在成长过程中吸收到的安全感不够。孩子想要的安全感，不会因为孩子长大而自然而然得到满足。

孩子能否做一件事情，主要看他的心理营养是不是足够。这就好比，我们一直让孩子吃得不够多，身体不够健康，力气不够大，却对孩子说“你已经长大了，可以去搬运很重的石头，做很多体力活”，试想孩子有可能做到吗？肯定是做不到的。

同样，如果希望孩子能够好好地跟父母分离，能够独立自主，就要给孩子足够的安全感。这些并非随着孩子年龄增长，自然而然就可以做到；也并非父母焦虑紧张，孩子就会做到。打骂、责怪孩子是没有用的，真正有用的方法就是给他需要的心理营养。

案例中的妈妈能够理解，孩子出现一些问题是因为缺乏安全感，是因为有分离焦虑，只是担心孩子长期这样怎么办。其实孩子根本不会长期如此。因为孩子只要得到了足够的安全感，自然而然就能够分离，到了该睡觉的时候就会自己去睡觉，不会因为想要和爸爸妈妈在一起就硬撑着，直到撑不住了才睡。

孩子如果不想睡，不想去幼儿园，非常需要安全感，那么妈妈要思考的是，怎样给孩子足够的安全感。从这个思路出发，才能找到解决之道。

如果孩子非常需要更多跟父母在一起的时间，那就表示现在父母给他的时间不够多。父母需要调整，比如爸爸早一个小时下班，或者妈妈早一个小时下班，挤出更多的时间陪孩子。至于如何挤出更多的陪伴时间，就需要父母自己去思考和解决了。

关于安全感，除了给予孩子更多的陪伴时间，还需要妈妈的情绪足够稳定。妈妈的情绪越稳定，孩子的安全感越强。除此之外，父母之间和谐的关系，也能给予孩子安全感。

还要注意一点，如果晚上才开始跟孩子一起玩，孩子很容易特别兴奋，所以在睡觉前至少一个小时，就不要再跟他玩太过激烈的游戏了，可以安静地聊聊天、唱唱歌或者讲故事，给孩子一个久久的拥抱等，帮助孩子入睡。

不敢独自睡觉，怎么办？

有一位家长，女儿今年十一岁，一直不敢独自睡觉，在家里有时候去洗澡、去洗手间都需要妈妈陪。妈妈感觉女儿非常缺乏安全感，认为在孩子成长的早期，没能正确地给予她心理营养，可能还做了一些阻碍她成长的事，导致她现在有许多偏差行为。孩子在两岁时还住院做过手术。妈妈问："这对孩子的心理是否有影响？是否需要带孩子去做心理咨询？面对孩子现在的情况，该怎么办？"

首先，要恭喜这位妈妈，因为她看到了孩子的需求。妈妈看到了孩子没有得到足够的或者正确的心理营养，也看到了孩子非常缺乏安全感。确实，如果十一岁了连去洗手间、洗澡都不敢独自一人，说明这个孩子非常缺乏安全感。

第一，妈妈不用太过内疚。因为不管过去是怎样做的，她在当时肯定是想要为孩子好，一定是尽心尽力去做一个好妈妈。只是因为当时不懂，所以方法可能不对。现在发现问题，矫正过来就可以了。

第二，妈妈不用太过在意。孩子十一岁了，还不能独自睡觉，不能自己去洗澡、去洗手间，其实都不是太大的问题，现在开始改变也是可以的。不管什么时候，不管孩子年龄多大，只要孩子还在妈妈身边，就有机会去补充之前没有给到的心理营养。一般来说，要满足安全感的需求，从时间上来讲最长不超过一年。只要真正把所有心理营养踏踏实实地给到孩子，满足孩子，就会看到，孩子未来的一年会有很大不同。

具体应该怎么做？前面已经提到，这里再简单回顾一下。

第一，要肯定、赞美、认同。这样做时必须真心实意看到孩子的好，要刻意关注孩子做得好的地方，留意在哪些方面能够肯定、赞美、认同孩子，发自内心地给孩子大量的肯定、赞美、认同。一方面，要真心真意；另一方面，要在当下表达。不要过了很久才做，而要在当时，看到了，心里有感动、赞赏、开心，在当下就表达出来。肯定、赞美、认同还要做得很具体，清楚地告诉孩子，是因为看到他做了什么、说了什么才肯定、赞美、认同他。这样，一般不超过一年，就会看到孩子的转变，所谓的偏差行为也就不会出现了。

第二，要花更多的时间跟孩子在一起。跟孩子在一起时，不要仅注意去教导他什么事情应该怎么做、态度要怎样，并且要花更多时间倾听孩子说话。倾听孩子说话，是最容易改善亲子关系的——在亲子关系中，倾听就是爱。

孩子在两岁的时候动过手术，这对她的心理不会有什么影响。什么会影响孩子呢？其实更重要的，是面对孩子动手术这个事实，父母的反应是怎样的，这对孩子会有很大的影响。

孩子很小的时候，比如一两岁动手术，特别是妈妈，会非常焦虑、担心，害怕孩子的身体出现什么问题，常常阻止孩子做这个、做那个……这些过度焦虑，其实是在暗示孩子：你有危险，你有问题，你不够好，你让我担心，你不能让我放心。这会使孩子无法相信自己。

所以针对此案例，我有两个建议：一是妈妈能够把内疚情绪放下，二是及时补充孩子的心理营养。在心理营养方面，一是注意孩子哪些方面做得好，给她足够的肯定、赞美、认同；二是愿意花时间倾听孩子说话。

最后，关于是否要带孩子去做心理咨询，鉴于孩子已经十一岁，也没有在精神方面出现很大困扰，我的建议是，妈妈先给足心理营养，看看效果如何。少年一般不愿意做心理咨询，因为害怕被贴上“有问题的人”标签。相比心理咨询，给足孩子心理营养才是更有效的。

Q3

爱拖拉磨蹭，怎么办？

很多时候，

父母要求孩子很快成长，

去做他这个年龄段根本做不到的事情，

是违背孩子天性和成长规律的。

总是拖拉磨蹭，怎么办？

孩子拖拉磨蹭，相信很多父母对此都非常头疼。“孩子做什么事都慢——起床慢，吃饭慢，洗澡慢，做功课更慢，真把我急死了……”怎么办呢?

首先来探讨孩子拖拉磨蹭的原因。

孩子的年龄太小了

拖拉磨蹭，几乎是所有孩子六岁之前都会发生的事情。成年人是有时间观念的，什么时间应该做什么就做什么。但是零至六岁的孩子，是用感官来感知这个世界的，不会去注意时间，完全没有建立时间观念，他们做事情的时候，注意的往往是过程——在这个过程里感受到了什么，体验到了什么。当然也有些孩子的确做事会比较快，但这种情况往往是孩子害怕因拖延而被打骂，并不是真的有时间观念。

有一位妈妈说，她三岁的女儿，每天单是洗脸就很磨蹭，比如常常用手按着脸盆半天都不动。妈妈批评女儿太慢，女儿就会说："慢慢洗，我才能够洗干净啊！"父母可能觉得这是孩子的托词。其实不是的。比如孩子洗脸时是要慢慢去感受的，感受水温，感受水流；刷牙的时候，刷了这边刷那边，用各种各样的方式来刷，感受刷牙的感觉。成年人往往是赶快刷牙，赶快洗脸，然后赶快去干别的事情，但孩子关注的不是完成洗脸刷牙这件事，而是体验和感受洗脸刷牙的过程。

因此，在孩子三岁之前，要允许孩子在家里尝试做各种事情，通过一次又一次尝试，孩子慢慢就懂了，然后再去培养他的固定习惯。如果家长着急催促，甚至替代孩子去做，那么孩子就失去了体验和成长的机会，不得不跟着家长的节奏去做，这时有些孩子就会显得非常拖拉和磨蹭。

孩子的天生气质是慢热型

孩子拖拉磨蹭，是不是天生的呢？其实真有天生气质这一说。

有一对双胞胎兄弟，同样的爸妈，同样的学校，就读于一个班级，有同样的班主任。

弟弟手脚麻利，做什么都快，每天回家之前，在学校作业就已经完成得差不多了，回到家晚饭后很快就能把作业做好，然后就会有很多的自由时间。爸爸妈妈不会给他安排更多的作业，一般晚上9点左右他就可以上床睡觉了。

但他的同胞哥哥却不是这样的。哥哥每天回到家还有很多作业没做完，不但作业做得慢，走路也慢，洗澡也慢，吃饭也慢，穿衣服也慢。晚上常常要到10点甚至11点，才能把作业做完。妈妈就坐在旁边，也不催促，只是简单地陪着他，一直到他把作业做完。哥哥就这样度过了小学阶段。

这位妈妈的态度是很正确的，表现出对孩子天生气质的接纳。有的孩子天生就是慢热型，做什么事情都慢，这类孩子有一个很大的优点，就是比较谨慎小心。相比之下，激进型孩子做什么都快，但不会那么谨慎小心。

所以如果父母能够认识到孩子天生气质的不同，能够无条件地接纳自己的孩子，孩子就能够心平气和顺利地成长。如果父母难以接纳自己的孩子做什么都慢，不断批评催促孩子，甚至打骂他们，那么孩子磨蹭的情况可能会越来越严重。因此，对于天生气质属于慢热型的孩子，要给他更多的时间，同时不要跟其他孩子比较。想让慢的孩子快，最好的方法是鼓励和赞美。

父母的管教方式太过强势或者精细

有些父母，会把孩子每天的时间精确到每一个小时，把该做的事情都非常精细地规划好，让孩子严格执行。甚至有的父母在上班期间，还每隔一个小时打电话回家，确认孩子有没有严格执行。

如果父母的管教方式太过强势、精细，那么孩子很有可能会变得非常磨蹭。因为孩子一般不敢当面反抗，只能用拖拉磨蹭的隐性方式对抗。因此，父母可以尝试不要管教得那么精细、强势，倾听孩子的话，表达对孩子的尊重，减少孩子的对抗性拖拉磨蹭。

父母过于追求完美

有一位父亲，他的儿子虽然能把作业做完，但总要拖到最后一分钟才做完。他说，如果儿子能早点做完作业，就能够做得更好——能把答案全都做对，能把字写得更好一点……但他不知道的是，每次他提这样的要求时，反而会导致儿子不愿意太快做完，因为如果太快做完，反正还有时间，一定会被要求改改这里、改改那里，把不好的地方擦掉，做得更好一点……

这类父母是完美主义者，常常希望孩子做得更好。如果孩子很早就把作业做完了，父母总会觉得还不够好，要求孩子继续修改，做得更好。久而久之，很多本身不是完美主义的孩子无力抵抗，就会逐渐养成拖拉磨蹭的习惯，把作业拖到最后一分钟才做完。其实现在孩子的作业量比较大，每天能做完作业就很不错了，父母不要过于追求完美。

针对以上原因父母适当调整，孩子拖拉磨蹭的情况就会有所改善。

总结一下

拖拉磨蹭的四种典型原因：

第一，孩子的年龄太小，还没有建立时间观念，父母要给他们更多的时间去感知和认识世界，不要总是催促和打扰孩子。

第二，孩子有自己独特的天生气质。对于天生节奏比较慢的孩子，父母要学会发现孩子的优点，做到无条件接纳孩子的慢节奏，让孩子心平气和地顺利成长。

第三，父母的管教太过强势、精细，控制欲太强，迫使孩子用拖拉磨蹭的方式来对抗。

第四，父母过于追求完美，导致孩子养成拖拉磨蹭的习惯。

喜欢做的事情
拖着不做，
怎么办？

有一个六岁的男孩，喜欢弹钢琴，可是又不愿意主动去练琴，每天都要妈妈提醒他；而当妈妈提醒的时候，他又会找其他事情做，拖着不练钢琴；当妈妈生气批评时，他还会发脾气，心不甘情不愿地练琴，并且非常不认真。妈妈说："既然练琴的过程如此不愉快，如果不喜欢，就别练了。"结果孩子又说要继续练，而且弹得还不错。妈妈很困惑，对于这样的孩子该怎么办呢？

这个孩子看起来对弹钢琴是有兴趣的，接下来要做的，就是用心理营养去推动他。除了兴趣以外，真正能够推动一个孩子的，就是他很想得到心理营养的渴望。

要想给足孩子心理营养，妈妈首先要审视自己跟孩子的关系是好是坏，如果关系不好，那么孩子很可能不会把妈妈当成重要他人，那么妈妈所给的心理营养是无效的。

妈妈是想把儿子培养成音乐家吗？或者希望孩子将来把音乐作为谋生的手段吗？估计大部分妈妈都没有这个目的，只是想让孩子发展一项兴趣爱好。所以妈妈要先把自己的心态放平，不要太在意孩子钢琴练得怎么样，能否考到很高的级别。

妈妈要关注的，就是怎样能够给足孩子心理营养。比如可以对儿子说："你自己练钢琴吧，晚上妈妈想听你弹琴。如果你能弹一首歌曲给妈妈听，妈妈会很开心。"然后就让儿子自己练琴。到了晚上，可以对孩子说："来，我们的小钢琴家，弹一首歌给妈妈听吧。"听完以后，要告诉孩子："妈妈很喜欢听你弹钢琴，不管你的钢琴弹得怎么样，能够听到你把一首歌弹出来，妈妈就很高兴了。"如果孩子确实在白天已经练习过了，就告诉他："今天听到的钢琴曲，确实比昨天弹得好，一定是因为今天你认真练习了。"如果孩子今天白天没有练琴，弹完之后可以对他说：“只要听到你弹钢琴，妈妈就很高兴。”

所以简单来说，特别是对五六岁的孩子，父母要尽量用肯定、赞美、认同来推动孩子内在的学习动力。真正推动一个孩子的，往往是他希望妈妈因为他而快乐，他想要得到妈妈的喜爱，得到妈妈的肯定、赞美、认同。如果常常批评孩子，得到的效果并不好，那为什么不反其道而行呢？如果常常用某种方法催促，而孩子却越来越拖拉，那说明这个方法对孩子是没有效果的，不如换个方法，尝试用“心理营养育儿法”来帮助孩子。

早上穿衣洗漱
吃饭磨蹭，
怎么办？

有一位妈妈说，她平时也会给孩子更多的时间做事情，可是在有些情况下是不允许孩子拖拉的。比如早上去幼儿园，她必须先送孩子上幼儿园再去上班，每天早上可谓争分夺秒。孩子穿衣服、刷牙一磨蹭，她上班就会迟到，这时她只能帮助孩子穿衣、刷牙。她担心长此以往会影响孩子自理能力的培养。那么遇到类似时间紧迫不允许孩子磨蹭的情况，父母应该怎么做呢？

在这样紧急的情况下，可以采用不同的方法来解决。

方法一：直接帮孩子做，比如帮孩子穿衣、刷牙、洗脸等。因为时间很紧迫，而父母不能经常上班迟到，所以妈妈就别再纠结了，直接帮孩子做就可以了。那怎么培养孩子的自理能力呢？并非每件事都要孩子自理，也并非一天24个小时时刻都要培养孩子自理，可以在幼儿园放学之后再培养，比如回到家让孩子自己换衣服、吃饭、洗澡、整理书包、做作业等。这是完全没有问题的。

方法二：如果孩子年龄实在太小，比如两三岁，确实做事没有办法达到父母预期的速度，不管父母用什么办法教导都做不到，那就是真的做不到了。不如想办法找别人送孩子去上学，确保父母可以按时上班。

方法三：明确告诉孩子，妈妈上班真的非常重要，所以希望孩子能够帮妈妈一个忙。比如说："孩子，希望你能帮妈妈一个忙，每天早上快一点点。""妈妈先到车上等你，过五分钟，妈妈就必须开车走了，不然上班就会迟到。"然后妈妈可以先上车等着孩子。一般这样做之后，孩子的手脚会麻利一些。

有的父母，常常想的是出什么招数孩子才能就范。其实在养育孩子的过程中，需要尊重科学和规律。很多时候，父母要求孩子很快成长，去做他这个年龄段根本做不到的事情，是违背孩子天性和成长规律的。父母不能要求孩子事事听从家长，否则就觉得孩子不乖或者不听话。

所以做父母的，首先要处理好跟孩子的关系。第一，要了解孩子生理和心理的发展规律；第二，要知道怎样给孩子心理营养。真正能够鼓励孩子的，第一是孩子跟父母的关系好，第二是孩子能够从父母身上得到心理营养，在此基础上，才能真正帮助孩子养成各种好习惯。

如果这样做也没有效果，可能是父母期待太高或者太多了。这个孩子不管是从年龄还是天生气质来看，根本就是做不到的，不管父母怎么打骂、引诱，都做不到。那么父母就不要天天想着做什么事、用什么方法、说什么话，才能让孩子按照父母的心意去做。

真正能够教导和培养孩子好习惯的，一定是父母跟他有良好的关系，在良好的关系基础上，用心理营养去鼓励孩子。这在很多家长的实践中是有显著效果的。

晚上做作业拖拉磨蹭，怎么办？

有一位妈妈问，孩子有时晚上做作业拖拉磨蹭睡觉很晚，如果一直睡觉很晚导致第二天上课精力不够，怎么办？其实，这是一个假设性问题，孩子只是偶尔作业做得晚，不太可能天天都做到很晚。所以妈妈不要用假设性问题让自己先焦虑，然后不断催孩子，越催他，他就越慢。

那妈妈能够做什么呢？

第一，孩子的作业，一定要让孩子自己负责。要让孩子知道，不管怎样，他每天要负责把自己的作业做好。就像妈妈为自己的工作负责任，一定要完成，孩子也要对自己的作业负责，一定要把作业做完。

第二，根据孩子的年龄，约定晚上的时间安排。晚上睡觉时间尽量不要超过十点半。一般来说，孩子晚上能睡七八个小时就足够了，妈妈不用太过担心。当然，每个孩子都有差异，家长要观察自己的孩子是否有足够的精神。如果孩子经常晚于约定的时间睡觉，那么孩子放学后可以让他先睡半个小时，从而保证孩子的精力。告诉孩子，如果他能够早点把作业做完，那么睡觉之前剩下的时间可以由他自由支配，从而鼓励孩子尽快做完作业。

第三，在心理营养上，多给孩子一些支持。比如，可以这样跟孩子说："妈妈非常愿意支持你。你做作业时，妈妈会在旁边陪你，一直等你把作业做完，不管做到多晚，妈妈都会陪你的。妈妈相信，你是非常认真、用心做作业的，所以妈妈愿意给你一份支持，在旁边陪你。如果你能做得快一点，那么妈妈也能早点睡觉，这真是帮妈妈一个大忙了！"

还可以这样跟孩子说："妈妈不会打扰你做作业。你自己来决定什么时候需要妈妈的帮助，比如你有题目看不明白或是不会做，就来问妈妈，妈妈会尽自己所能来帮助你。如果妈妈也不懂，咱们就一起讨论。"然后就在旁边简单地陪伴孩子，不去打扰他，除非孩子走神发呆。如果走神超过10分钟，妈妈可以问一下："孩子，我看到你发呆了，发生什么事了？”一般这样说完，孩子就会把注意力重新集中到作业上。

这是在表达对孩子的一种尊重，也是表达对孩子的一份爱。不去打扰孩子，不在孩子做功课的过程中批评指责他，妈妈仅仅坐在旁边，就是给孩子很大的支持了。

除此之外，在陪伴过程中，不要总盯着孩子哪里做得不好，要关注孩子哪里做得好。第一，要去发现孩子做得比较好或者有进步的地方；第二，发现之后要肯定、赞美、认同孩子。比如可以说“今天这个题相当难，你竟然会做，你上课的时候一定很专心”，或者“我发现你的英文好像比以前进步了”。这种称赞要发自真心。

如果孩子有题目做错了，怎么办？那就等到所有作业做完以后，告诉孩子：“妈妈看到有一个题目你做错了，来，妈妈教你怎么做。”这样简单教导孩子就可以了，千万不要在他做作业时批评指责，否则孩子无法专心继续做作业，甚至会气馁并产生抗拒心理。

另外要注意的是，可以在孩子做完作业以后，简单地教导如何改错，但是千万不要把剩下的时间用来要求他做得更好更完美。如果孩子是完美主义者，那么他会主动把作业做好；如果孩子不是完美主义者，那么基本上能做完、做对就可以了，妈妈不要花时间让他做得更加完美。

非慢腾腾做不熟练的事，怎么办？

有一位妈妈，女儿两岁四个月，正是非常熬人的年龄段。比如早晨穿衣服，孩子非要自己穿，但是穿衣服不熟练，所以总是慢腾腾的，还常常穿错。妈妈熬不过她，只能让孩子玩游戏转移注意力，再趁机帮她穿上。那么，妈妈用这种办法向孩子妥协，对吗？有没有更好的办法呢？

其实，孩子在这个年龄，已经到了“Terrible Two”（可怕的两岁）阶段。为什么叫“可怕的两岁”呢？不是孩子可怕，而是孩子在这个时候，内心“独立自主的花”含苞待放。一般来说，早熟的孩子从一岁半开始，迟点的大概两岁半出现。通常这个阶段不会太长，大概只有几个月，不会超过半年。孩子在日常生活中，类似穿衣服、吃饭、收拾自己的东西等，很多事情会要求自己做。这个年龄段的孩子最常讲的一个词就是“不要”。那孩子要什么呢？就是要自己做。孩子要通过日常生活里的点点滴滴来证实，自己是可以为自己的生活做一些选择的。

当然，一岁半到两岁半的孩子，手脚还不是很协调，动作比较慢，还常常出错。比如穿鞋子，左右脚容易穿反。但如果父母主动帮忙，比如帮孩子把衣服穿上了，孩子还要一个纽扣一个纽扣地解开，脱掉衣服，重新穿衣服、系扣子。有时候，这个过程真的很磨人。

既然“Terrible Two”这段时间不会很长，那就允许孩子慢慢尝试，直到越来越熟练。家长所要做的，是当孩子做到的时候，肯定他；当孩子没做到的时候，等着他，让他把想做的完成。如此一般孩子就能安然度过这个阶段了。

只要简单地允许孩子做他力所能及的事情，就能让孩子感觉到：原来我和别人一样好，原来我不比任何人差，原来我是可以信任自己的。这对孩子有什么好处呢？好处就是，孩子能对陌生的人、事、物，保持适当的好奇心；

对自己不确定的东西，有适当的冒险精神；最重要的是，孩子对自己多了一份信任，能让他将来更好更快地走向独立自主，这样一种人格的培养是更加重要的。

希望家长能够理解孩子在这个年龄的特性——任何事都想自己做。在练习的过程中，虽然看上去孩子很磨蹭，但那是孩子在努力培养自己独立自主的能力，需要父母更多的包容与接纳。

Q4

一言不合撒泼打滚，怎么办？

情绪没有对和错，

不分好和坏，

它只是孩子的自然反应。

而父母所要做的，

就是最简单地接纳孩子的情绪。

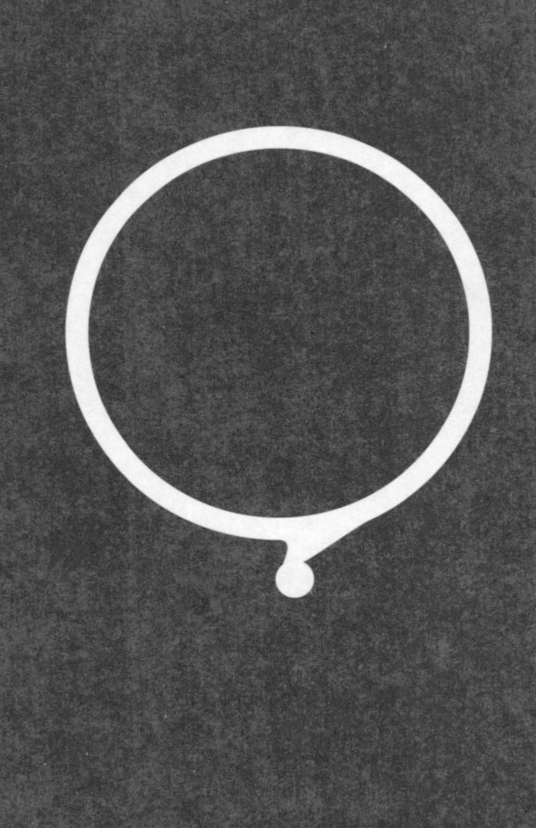

孩子经常闹情绪，怎么办？

首先分享一下关于孩子情绪问题的三个观点。

万物有情，唯人独多，情绪在所难免

孩子的情绪是与生俱来的，并非是孩子自己选择要不要生气，要不要哭，要不要害怕。孩子来到这个世界时，各种各样的情绪就随着他的生命来到这个世界。情绪本身不分好坏，不是道德范畴的问题。

那情绪到底是什么呢？情绪是人面对外界刺激的一种自然反应。比如孩子遇到了什么人，遇到了什么事情，看到了什么东西，听到了什么话，他的五种感官接受外界刺激时就会自然产生反应，而反应大致可以分成舒服和不舒服两种。

当孩子的心理营养被滋养，或者被接纳、被重视、被肯定、赞美、认同时，就会产生一种舒服的感觉，比如快乐、兴奋、有趣、美妙，再用舒服的情绪（表情、声音、肢体动作等)表达出来。反之，当孩子受到刺激，感觉不舒服，比如害怕、生气、悲伤等，孩子就会用不舒服的情绪（表情、声音、肢体动作等)表达出来。

情绪没有对错好坏，父母要接纳孩子的各种情绪

当孩子有各种各样的情绪时，父母首先要做的就是接纳孩子的情绪，不管这种情绪是什么。

当人产生一种情绪而这种情绪被别人看见时，人就会安静下来。也就是说，别人看见了我的情绪，就已经足够让我安静了；但是如果我没有办法让别人看到我的情绪，或者别人阻止我的情绪发泄，那么很可能我会有更多情绪，我可以暂时把这种情绪压下去，但最终还是会表现或

发泄出来。

比如，孩子此刻非常生气，如果你说“孩子，你不要生气，生气是不好的”，那么这个孩子很可能会更加生气。

所以父母需要明确的是：情绪没有对和错，不分好和坏，它只是孩子的自然反应。而父母所要做的，就是最简单地接纳孩子的情绪，告诉孩子：“孩子，我听到了，你很生气”“我看到了，你现在很害怕”“我知道你现在一定觉得很委屈”……当父母用语言或者拥抱等行为来表达，就会看到，这是最容易让孩子平静的方式。

比如孩子很想买一个东西，但是父母不想买，那么首先要告诉孩子：“孩子，妈妈不想买这个。”接下来不用讲各种原因或者道理，直接说：“我知道，妈妈说不想买，你一定会很难过。”这样讲就是表示，我知道我拒绝你，你一定会心情不好，有点生气、委屈，或者有点难过。妈妈这样讲就已经足够了，这比跟孩子说一堆不买的道理、责骂孩子，更能让孩子很快平静下来。

分辨情绪所传达的信息，教导孩子如何处理情绪

在接纳孩子的情绪之后，父母还要去分辨，这些情绪传达了关于孩子的什么信息。孩子的情绪表达，类似信使，能够向父母传达关于孩子的信息。有时候，孩子能够感受到，却没法用语言清楚地告诉父母到底发生了什么事情，但是通过他的情绪，可以让父母知道大概发生了什么。

孩子生气的时候，是要传达什么信息呢？

一个人生气的时候，其实就是在说一个字：“不”——我不喜欢，不愿意，不高兴……这有可能是针对身体的、心理的，或者是灵性（精神）的。

身体的，比如说有人推了孩子一把，然后孩子就生气了，这是因为孩子的身体不愿意让别人推一把。

心理的，就是孩子不愿意、不喜欢甚至抗议别人这样做，孩子的感情在说“不”。

什么是灵性的呢？简单来讲，就是关系到一个孩子的价值。当孩子觉得自己的价值受损害时，比如别人批评这

个孩子的人格，说这个孩子没有用、没出息，那孩子的内心也会蹦出一个字——“不”。

所以当一个孩子生气的时候，就是在说“不”。至于孩子反对的是什么，抗议的是什么，不愿意的是什么，是父母要尝试去了解的。

孩子恐惧的时候，是要传达什么信息呢?

当孩子表现得很恐惧时，如果只是告诉孩子“不要怕”，其实一点用都没有。孩子之所以感到恐惧，是因为感觉到了危险，他的直觉是自己会受到伤害。所以此时最重要的是告诉孩子，你现在可以做什么。对孩子讲的第一句话应该是“孩子，我看到了，你很害怕”，第二句话是“当你害怕的时候，你可以做的是……”恐惧传递的信息就是“危险”，当孩子知道怎么做不会受到伤害时，就可以不再恐惧了。

孩子悲伤的时候，是要传达什么信息呢?

“悲”字是由“非”和“心”两部分组成的。所以，当一个孩子觉得悲伤时，一定是有他心里不愿意的事情发生了。“伤”字繁体字为“傷”，从字形来看，是一个人和另一个人的关系改变（即“易”）了，简单来说，都跟失落有关。所以当孩子悲伤时，一般是正在面对或者即将面对一些东西的失去，这时他心里非常不愿意，失落越大，悲伤越多。

孩子嫉妒的时候，是要传达什么信息呢？

当一个孩子表现出嫉妒的时候，表示孩子觉得自己缺乏某个东西，而且他很在意这个东西。第一，孩子很想要这个东西，如果他不想要，就算看到别人有，也不会嫉妒。第二，孩子现在没有这个东西，如果他已经拥有了，就不用嫉妒。

比如，妈妈跟妹妹的关系更好，于是每次孩子看到妈妈跟妹妹开心说话的时候就很嫉妒。其实，这就是在告诉妈妈，他非常想要得到和妹妹一样的待遇，而现在他觉得自己没有。

从孩子的嫉妒可以知道孩子的渴望是什么，父母尽量不要看到孩子嫉妒就责备他，或者讲一堆大道理，其实这些都是没有用的。既然孩子现在非常渴望得到某个东西，那么父母可以看看能够做些什么来化解孩子的情绪。

孩子的每一个情绪，都在告诉父母关于孩子自己的信息，根据这个信息就可以帮助孩子处理引发情绪的事件。

无论孩子有什么样的情绪，父母所要做的，第一是看见并接纳孩子的情绪——告诉孩子，我看到了你有这样的情绪。第二是分辨孩子的情绪所传达的信息，然后据此处理具体的事情——告诉孩子：我知道了，你现在这么生气，一定是你不愿意；你现在这么嫉妒，一定是很希望得到什么；你现在这么害怕，一定是因为你感觉到很危险，来，妈妈教你怎么办……

当父母这样做时，孩子的情绪一般会慢慢平静下来，而不是积累在心里。否则，当这种情绪越积越多时，孩子遇到一点小事就会爆发，表现出各种各样的偏差行为。

孩子因被拒绝而持续哭闹，怎么办？

一位妈妈的孩子三岁左右。孩子想要什么东西，就一定要得到，否则就使劲哭闹，怎么说都不听。父母告诉孩子该给的都会给他，不该给的就坚持不给，可孩子还是会继续哭闹，有时甚至哭闹一个多小时。妈妈问，如何理解和接纳孩子的行为？

孩子这样哭闹，最根本的原因，是他认为这种哭闹的方法是有效的，能够得到他想要的东西。

案例中的父母认为该给的都已经给了，不该给的也做到了坚持不给。这样做时要注意一点——在态度上要温和而坚持。

如果父母用打骂、指责孩子的方式来拒绝孩子，跟孩子通过哭闹来得到他想要的东西，本质其实是一样的：孩子，现在我要你听我的话，你不听，那我就指责你、打骂你，直到你能够听话为止——父母对孩子示范的其实是同样的方法。

任何一个人被拒绝，不管被拒绝的是老人、孩子还是成年人，肯定是不高兴、不快乐的。因此，如果真的需要拒绝孩子，首先要接纳一个事实——孩子会不高兴。

当孩子不高兴甚至不断哭闹时，父母要做的，就是温和地坚持，拒绝孩子的不合理要求，在坚持的时候，一定不能去指责、批判、辱骂甚至殴打孩子。

当孩子因为被拒绝而发脾气、哭闹的时候，可以告诉孩子："孩子，妈妈知道你很想得到这个东西，可是今天不能给你买，妈妈知道，你被拒绝了，一定很难过、很伤心。妈妈可以抱抱你，等你的伤心过去。"妈妈可以坚持不买的决定，同时又温和地对待孩子。

如果孩子发脾气不肯让妈妈抱，或者他的哭闹影响了妈妈，让妈妈失去耐心，变得烦躁，很想责骂孩子时，可以跟孩子说："等到你不生气、不哭闹了，妈妈再过来抱你。"讲完以后，妈妈就离开孩子，在孩子无法影响的范围里，等到孩子比较安静时，再过去抱抱他，对他说："妈妈知道你很难过，来，抱一下。"也有一种可能，当妈妈靠近时，孩子又开始哭闹发脾气，那就重复这个办法，再一次跟孩子讲："妈妈知道你现在心情不好，你自己待一会儿，等你安静了，我再来跟你说话。"然后离开孩子，保持一点距离，等着他就好。

孩子能够坚持哭闹很久，常常有两种情况。

情况一：孩子不断哭闹，是因为他相信能够通过哭闹得到他想要的东西。如果父母因为孩子哭闹而妥协，孩子会发现父母所谓的坚持不是真的，他会不断试探哭闹多久父母才会妥协，然后一次又一次通过哭闹来达到目的。父母的妥协实际上在强化孩子的这种想法，成为孩子哭闹的"助推器"。

情况二：孩子坚持哭闹，可能是在模仿父母。有些父母，不是不坚持，而是不温和。父母习惯用指责、打骂的方式批评孩子，虽然坚持了，但是给孩子示范了发脾气。于是孩子模仿父母的方法，但自己年纪太小，无法指责父母，因此用哭闹来代替。当孩子发现哭闹这个方式有效时，就会不断地哭闹，每次哭闹的时间也越来越久。随着年龄增长，等到可以用语言反击的时候，他就会用同样的方式来指责和反驳自己的父母。

所以遇到孩子想要某个东西并且非得到不可的情况，最好的方法就是温和而又坚持地拒绝。父母如果不坚持，就会看到孩子非常坚持；如果不温和，就会看到孩子哭闹得很厉害。

孩子脾气倔强
越哄越哭，
怎么办？

有一位家长，女儿七岁，准备读小学了。她从小脾气就比较倔强，爱哭，遇到一些很小的事情就会发脾气，要哭很久才能够平复下来。父母先是哄她，可是越哄越哭；后来就改成跟孩子沟通，事情是怎么发生的，结果会怎样，告诉孩子哭是解决不了问题的，但孩子也不听；也试过冷处理，对孩子冷漠，不理她，但这样孩子一整天都心情不好，还会发脾气。对于这样一个孩子，该怎么办呢？

我们来分析一下案例中这位家长用的方法：第一，用哄的方法，简单来说，就是让孩子不要哭了；第二，讲道理，简单来说，就是教导孩子哭没有用，哭解决不了问题。其实这两个方法都是在表示，哭是不好的、不对的。

其实哭是人类独有的一种处理情绪的方法，是发泄情绪非常好的途径。当孩子有情绪的时候，他的身体里会有一股让他很不舒服的能量，对于这股能量，孩子不知道该怎么办，更不知道怎样把它转化成可以改变、成长、学习的能量，所以孩子天然的处理方法，就是用哭把能量释放出来。

父母无论是哄孩子，还是告诉孩子哭解决不了问题，其本质都是不接纳孩子哭。那么怎样去表达接纳孩子的哭闹呢？方法很简单，可以说："孩子，我知道，你现在一定很不舒服。"

然后，再看看孩子哭的原因——是因为生气而哭吗？如果孩子是因为生气而哭，那就是孩子不喜欢、不同意。是因为悲伤而哭吗？如果哭的原因是悲伤，那就看看孩子失去了什么。是因为焦虑而哭吗？如果孩子是因为焦虑而哭，那可能是孩子觉得自己不够好、做不到。是因为嫉妒而哭吗？嫉妒是因为孩子看到别人有而自己没有……

哭，是外在的表现，它投射的是各种情绪。父母要去分辨孩子哭的原因是什么，然后告诉孩子：我看到了，你现在很生气/很悲伤/很焦虑/很嫉妒……就这样简单清楚地说出孩子哭的原因，非常明确地对孩子表达一种接纳的态度。不要告诉孩子不要哭、哭没有用、哭解决不了问题，不要讲这种不接纳孩子情绪的话，让孩子不准哭、不要哭、不许哭、哭没用，这其实是在拒绝孩子。

最糟糕的，就是案例中父母所用的第三种方法——孩子哭的时候，冷落孩子。

可以告诉孩子："妈妈看到了，你现在心情不好，如果你要跟妈妈说什么，妈妈就在这里等着你。等到你准备好了，你可以告诉妈妈发生了什么事情，妈妈会认真倾听的。"先接纳孩子哭的情绪，然后倾听孩子的话。一般来讲，有没有处理那个问题并不重要。当情绪被看到、被接纳时，孩子就能够平静下来了。

孩子生气一跑了之，怎么办？

有一位妈妈，女儿三岁半。女儿一生气就会跑，而且跑得很远，如果妈妈担心她的安全而追上去，她看到妈妈追过来，就会继续向前跑。有一次，女儿跑着跑着就摔倒了，妈妈说："没事吧？你慢点走！"女儿一听又生气了，继续向前跑。妈妈问女儿："你为什么要跑啊？"女儿说她生气了，所以她要跑，跑得远远的，离开妈妈。妈妈就告诉女儿："看到你跑远了，妈妈很担心你的安全。"可是女儿下次生气时还会这样跑开。

首先想要告诉这位妈妈的是：当孩子有任何负面情绪时，他们的身体里就会产生一种能量，这种能量原本是为了推动孩子去改变、成长或者学习一些新东西而产生的。可是大部分孩子还不懂得怎样把这种情绪能量转变成推动成长的力量，所以这种能量会一直留在孩子的身体里，孩子因而觉得很不舒服。因此，父母要教导孩子，如果没有办法去改变环境、改变别人，而自己又觉得很不舒服，就要学会把这种能量舒放出来。

教导孩子舒放情绪能量的方法，大致分为三类。

第一类方法：用文字表达的形式把不舒服的情绪舒放出来。比如，教导孩子通过说、写或者画画，把情绪舒放出来。当孩子说的时候，我们就听；当孩子写的时候，我们就看；当孩子画画的时候，我们可以坐在他旁边陪着他，等他画完了，我们可以跟孩子聊一聊他的画。这样，孩子的情绪就能够舒放出来了。

第二类方法：把情绪的能量转化成为一种动能，通过各种各样的活动，比如玩游戏、奔跑、跳舞等，把不舒服的情绪舒放出去。

第三类方法：把不舒服的情绪能量变成一种声能，比如喊叫、唱歌等，把不舒服的情绪舒放出去。

一般来说，孩子舒放情绪就是这三类方法——文字表达、动能或声能。案例中的女儿，就是用动能舒放情绪的。当她生气的时候，就想跑得远远的。第一，她发现当她这样跑的时候，身体里不舒服的能量能够释放出来——跑了一段路之后，她会觉得身体舒服很多。第二，她用跑开的方式表达抗议：我不想看到你，跑得远远的，就看不到你了，也就不会这么生气了。

妈妈教导孩子不要跑（因为如果孩子跑得太远，父母看不到，确实很危险）的同时，一定要教导孩子："你不需要用跑远的方法来处理生气的情绪，可以用别的方法来处理。"

妈妈可以试着让孩子在生气时用语言把生气的原委说出来。"孩子，你不舒服的时候，可以这样说：当某某事情发生时，我很生气，我希望妈妈可以这样做……"或者用更简单的方式，让孩子把不舒服的情绪直接表达出来。比如："我生气了，现在我非常非常生气，我现在不想看到你……"

当孩子有其他渠道可以处理情绪时，就不需要用动能的方法了。奔跑是比较良性积极的动能，有些孩子生气时会摔东西，甚至打人。所以，告诉孩子不可以用跑远的方式舒放情绪的同时，一定要告诉孩子，可以用怎样一种比较健康的方法来舒放情绪。

孩子情绪失控
不依不饶，
怎么办？

有一位妈妈，儿子快五岁了，在幼儿园时表现非常好，老师说他很乖巧听话，在外边玩的时候也特别谨慎。可是在家里，他对父母态度非常暴躁，一言不合就着急生气，气到自己不断流眼泪，甚至会对父母拳打脚踢！

这位妈妈举例说，最近因为她不小心把儿子的图画剪了下来，儿子非常生气，而且无理取闹，非要妈妈重新安上去。无论妈妈怎样道歉，安慰他、抱他，试图平息他的怒火，儿子都不依不饶推妈妈、踢妈妈，直到妈妈的怒火也被点燃，最后也对儿子大吼大叫。妈妈说，最近儿子常常有类似情绪失控的情况，应该怎样抚平孩子的情绪呢？

妈妈还提到，儿子两岁多时，妈妈还不能够接纳儿子的情绪，当儿子叛逆时，她的应对方法就是对儿子不理不睬，有时会对他发很大的脾气，儿子经常是哭着来又哭着走。妈妈很疑惑，儿子现在这样闹情绪，跟两岁叛逆期时没有被接纳和安慰，是否有关系呢？

不管是否跟两岁的叛逆期有关系，非常明显的是，现在这个孩子有很多情绪。孩子主要的情绪来源有两个地方，一是学校，二是家庭。

首先，这个孩子在外面表现得非常乖巧，也特别谨慎，那么妈妈需要关注的是，孩子在学校里有没有被其他小孩欺负。如果他在外面被欺负，而他又很乖巧，或者因为害怕不敢说出来，那他肯定会把这些累积的情绪能量带到家里来。回到家之后，他很可能通过破坏东西、打人、发脾气等方式来舒放自己的情绪。所以父母一定要去关注，孩子的情绪来源是什么。

如果妈妈已经查清楚了，孩子在学校里并没有被欺负，那么很可能的原因就是，孩子跟爸爸、妈妈的关系，或者是爸爸妈妈之间的关系出了问题，从而引发了孩子的暴躁情绪。

孩子和爸爸的关系

如果这是造成孩子有很多情绪的原因，那么爸爸要问自己，有没有给孩子足够的心理营养？孩子最想从爸爸身上得到的就是肯定、赞美、认同，所以爸爸要问问自己，有没有在孩子做得不错时说：“孩子，我看到了，你做得不错！我看到，你又进步了！”爸爸不需要用很夸大的言辞，比如“孩子，你好棒啊！”“我的孩子最厉害了！”只要把孩子真正有进步的地方告诉他，给他足够的心理营养，对于孩子的情绪稳定会有很大的安抚作用。

孩子和妈妈的关系

妈妈尽量不要用责骂或者情绪化的方式来对待孩子。

案例中的妈妈提到，在孩子两岁多时，妈妈曾经对他不理不睬，甚至发很大的脾气。过去怎样已经成为既成事实，重要的是现在怎样对待孩子，如果现在能够改变，是可以让孩子放下那些暴躁情绪的。

妈妈要做的是什么呢？妈妈在生气时可以坚定地告诉孩子："你这样做，妈妈是不喜欢、不高兴的。"但是妈妈不要用大吼大叫的方式来对待孩子，这样坚持三个月以上，孩子的暴躁情绪就能够慢慢缓解。

妈妈自己有情绪，这是可以理解的。请妈妈另外找渠道来舒放，而不要把这些情绪发泄在自己的孩子身上。如果妈妈非常焦虑，有很多恐惧情绪，而且这种情绪能量常常发泄在孩子的身上，比如恐吓孩子、不断表示对孩子的担忧，孩子就会收到很多不舒服的情绪。等到这些不舒服的情绪积累多了，也许就会用不那么健康的方法来发泄了。

总之，妈妈要尽量让自己的情绪相对来说比较稳定，可以告诉孩子乱发脾气不对，可以表情严肃，但是不要失控地对孩子大吼大叫。爸爸则要多肯定、赞美、认同孩子，特别是对男孩子来说，有很好的安抚作用。

与渴望联结：每个问题，都是给予心理营养的最佳时机——

01 · 太黏妈妈，怎么办？

02 · 胆小被欺负，怎么办？

03 · 不会交朋友，怎么办？

04 · 内向被动不爱表现，怎么办？

05 · 不好好吃饭，怎么办？

06 · 不想睡觉起床就哭，怎么办？

07 · 爱拖拉磨蹭，怎么办？

08 · 一言不合撒泼打滚，怎么办？

09 · 上幼儿园后情绪多，怎么办？

10 · 不愿意上学，怎么办？

11 · 抵触学习写作业，怎么办？

12 · 痴迷电子产品，怎么办？

与渴望联结：每个问题，都是给予心理营养的最佳时机

13 · 抗挫能力差，怎么办？

14 · 不接受批评闹情绪，怎么办？

15 · 与人相处不开心，怎么办？

16 · 讨厌自己，怎么办？

17 · 说话挑衅易冲突，怎么办？

18 · 攻击性强爱打人，怎么办？

19 · 个性执拗倔强，怎么办？

20 · 急躁没耐心，怎么办？

21 · 叛逆不听话，怎么办？

22 · 说脏话狠话，怎么办？

23 · 触摸性器官，怎么办？